混乱する自我

KAGA Isseki

加賀 一石

文芸社

混乱する自我

目　次

第1章　自分への疑問……………………………4

第2章　自分を知る手がかりの模索……………6

第3章　人間の思考能力に対する疑問…………11

第4章　思考の根源の見直し……………………13

第5章　自我の設定………………………………15

第6章　自我の人間性の形成……………………16

第7章　混乱する自我……………………………19

　7-1　板挟みの自我……………………………19

　7-2　自我の目標設定…………………………20

　7-3　自我の未知との遭遇……………………21

　7-4　自我の意味付けの弊害…………………24

　7-5　自我の本質………………………………26

　7-6　自我と暴力………………………………27

　7-7　洗脳される自我…………………………28

　7-8　大多数の自我の思い……………………29

第8章　曖昧な言葉………………………………30

第9章　言葉が招く概念の存在化……………………32

第10章　概念の存在化の見直し　………………………37
　10-1　時間 ……………………………………………38
　10-2　真実 ……………………………………………43
　10-3　正義 ……………………………………………46
　10-4　公平 ……………………………………………48

第11章　人間の思考能力の評価 ………………………51
　11-1　人間の主張の根本的立場 …………………51
　11-2　発見、発明 …………………………………52
　11-3　因果関係による理解 ………………………54
　11-4　細分化による理解 …………………………55
　11-5　概念の積み重ねとしての学問 ……………57
　11-6　知識、知恵の意義 …………………………60

第12章　むすび ……………………………………………61

混乱する自我

第1章　自分への疑問

私は日本人である。よって、日本語で考え、話し、
周囲の人々と意思疎通を図っている。
そして、集団の中で、常に自分という意識を持ち、
自分が言葉を自由に操っているという感覚を持つ。
だから、自分は揺るぎのない存在であることを疑わない。

しかし、以前より不可解に思いながらも、
解決できないでいる課題が一つある。
それは、外国人が母国語で話をしている姿を
目にする時の思いである。
無論、彼らがどのような話をしているのかは
解る筈もない。
しかし、彼らも私と同様に、「自分」という意識を持ち、
思考し、話をしているのは明白だ。
ここで言えるのは、
私は日本語で、彼らは彼らの母国語で、
同じ「自分」を確立しているということである。
となると、その解釈として二つの見方が考えられる。
その一つは、言葉とは何の関わりもなく、
生物の本質として、誰にも「自分」という感覚が

元々備わっているとする見方である。
それとは別の解釈が、言葉による会話によって、
集団の中の一人の存在としての「自分」が
単に表現されているだけとすることである。
この解釈では
「自分」の存在の絶対性が崩れてしまうことになる。
この二つの解釈を自分の中でどう処理すればよいか、
既に言葉で考えている私には
解らないままの状態が続いていた。

「自我」については、私が思い悩むまでもなく、
既に多くの人々によって、様々なアプローチから
語りつくされている。
それでもなお、
自分なりの考察をしてみたい思いがあった。
そして今回、敢えてその挑戦を試みた。

第2章　自分を知る手がかりの模索

火を制し、道具と言葉を手に入れ、
他の動物に対し圧倒的有利な地位を得た人間は、
その数を増やすばかりとなった。
人口の増加は、新しい知恵が生まれる機会を
さらに増やすことになり、
その知恵の共有によって人間社会は加速度的に
発展し、複雑となり、様々な職業が生まれ、
その分業化も進んだ。
こうして、人間社会が複雑化すると、
社会に決め事が必要となった。
自然界の事象を示すのとは別の、
人間社会を構築するための概念である。
食料入手に困難を伴わなくなった人間は、
それ以外にも目を向ける余裕が生まれ、
余暇を楽しむようになり、
そのような社会状況が
文化、文明と称される段階にまで達した。
さらには、科学の進歩の恩恵により、
たった数百年足らずで、
人間社会はその姿をガラリと変え、

その変貌ぶりは、今までとは逆に、
人類の未来が懸念されるほどとなった。
通常、このように発展を遂げた人間社会は、
種としての人間の思考能力によるものと
高く評価される。

問題は、このように驚異的に発展した現代社会の中で、
個人としての人間が何を感じ、
どのような思いを抱きながら
生きることになるのかである。
残念ながら、人間の高い知性の評価がそのまま
個人により良い幸福をもたらしているとは思えない。
それどころか、人間社会がどのように発展しても、
人間の本質は
何も変わっていないと思わせることばかりだ。
加えて、世の中は複雑すぎて、
個人はその全てを理解できない。
よって、人は常に混乱させられる。

人の混乱を収める試みの一つが、
人間自身を「肉体」と「心」に分けて、
「自分」を理解しようとしたことである。
元は一つの生体であるものが

肉体と心の二つに分離された存在として扱われ、
それぞれに個別の解釈がなされた。
人間社会は、知性、理性を持つ人間としての
高い評価を心に与え、心が制御できない、
知性、理性を持つ人間としては
社会的に都合の悪い本能の働きの責任を
肉体に押し付け、
肉体は評価の低い動物と同等とされてしまった。
こうして、思考は肉体から切り離されてしまい、
その任を専ら心が負うこととなった。
そして、心の評価が上がれば上がるほど、
肉体の評価は下がってしまうことになり、
人間社会の発展と共にこの両者は次第に
離反していくことになった。
その結果、己の本能に従った振る舞いが
心に自責の念をもたらすという
自己矛盾が起きることになった。

この肉体と心の分離はさらに数々の副産物を生み出した。
例えば、天国と地獄である。
悪と見なされやすい肉体は消滅してもかまわないが、
善なる心はいつまでも残るものであって欲しい
との願いを叶えるため、

心は魂となり、その魂の住む死後の世界が必要となった。
それが天国であるが、
「どうせならついでに、現世の人間を戒めるために
　地獄も創ってしまえ」
となる。
そして、「天国には天使が、地獄には悪魔が……」
と話が続く。
ここに神が加わり、人間が理解不能な案件は全て
神の業とし、これら一連の話が宗教へと発展した。
さらに、宗教には、多くの信者の様々な思惑による
諸々の概念が次々と付け加えられ、
宗教の教義、経典が出来上がった。

では、永遠を生きることになった魂は
天国で本当に幸福、安らぎを得られるのか。
幸福、安らぎは感情である。
感情は印象の劇的変化により誘発されるものである。
その感情である幸福、安らぎも定常化すれば退屈となる。
逆に、退屈からは幸福、安らぎは誘発はされない。
幸福、安らぎは不幸、不安の反動として
感じるものである。
天国に不幸、不安がなければ、
幸福、安らぎも感じることはないことになる。

ならば、魂は天国で何を思いながら
「永遠」に生きることになるのか。
それは救いではなく、虚無であり、拷問でもあり、
恐怖の念を抱かせさえする。
少しでも冷静に考えることができれば、
誰でもこのような不合理にすぐに気づく筈である。

肉体と心の分離は、このような不合理を抱えつつも、
もう後戻りできないほどの
大きな影響力を持つ概念の世界が、
宗教、倫理あるいは道徳として
人間社会に築かれてしまっており、
その中で我々は混乱の日常を過ごしているのである。

本能を排除した心は
人間としての完全な代表者ではない。
人間は嘘をつくし、自慢をするし、誘惑もする。
人間の言動には隠し事、打算、まやかし、陰謀が潜む。
このような特質も含めて、
人は自身の混乱する要因を探らなければならない。

第3章　人間の思考能力に対する疑問

「心」と同様に、「思考」もその扱いが難しい言葉である。
この言葉は非常に広義の意味を持つだけに、その分、
定義が定まりにくく、解釈のずれや誤解が生じやすく、
あやふやとも言える。

「人間には現代の人間社会の繁栄を成し遂げた実績が
　ある。それは人間の思考能力の高さの証であり、
　地球上の唯一の知的生物としての誇りだ。その思考を
　人間が止めることはない。
　ましてや、思考の結果としての知識、知恵が、
　無駄とか無意味とは絶対言えない。」
このような、人間だけが特別に優れた思考能力を
有しているとする見方は、人間の自画自賛であり、
客観性はない。

人間の優秀な思考能力が疑われる例の一つが
「謎」の乱用である。
日常、あらゆる場面で謎、不思議、神秘、奇跡などの
言葉を度々耳にする。
これらの言葉は、

「この先は理解不能であるから、ここで考えることを
 止める」、即ち降伏の白旗である。
学問の分野で最先端の研究をしている学者でさえ
これらの言葉を抵抗なく口にし、さらには、
これらの人々の誰にも敗者としての負い目は
微塵(みじん)も見受けられない。
この謎の乱用が、私の中で、人間の自画自賛の評価を
認めることを阻むのである。

無論、謎は解決すべき課題として思考のさらなる対象と
なり、各分野の専門家や天才と呼ばれる人々によって
新しい発見があり、新しい発明がされ、新しい概念が
生まれることになる。
そして、新しい知識が人間社会に蓄積され続けている。
しかし、それはほんの一部の人々の功績であり、
その功績が社会的に賞賛されるのは当然と言えるが、
大多数の人々はその恩恵を受けるだけで、
多忙の日常生活を送ることに精一杯であり、
謎は謎としてそのまま置き去りにされている。

日常における人々の思考は非常に打算的であり、
少なくとも、全ての人間が優れた思考能力を有している
とは認められない。

第4章　思考の根源の見直し

人間も動物の一種であり、地球上の生態系の一員である。
どのような生物であれ、それらは35〜40億年とされる
進化の過程で得た、生きる術(すべ)の記憶で成っている。
生体の体形はその全ての術の現れであり、
計り知れないほどの多様な働きを内包している。
その働きの全てが統合されて、一つの生体として
存在している。

生物が自身の生存を維持するためには、
その仕組みが人間には理解不能であるとしても、
常に周囲の情報を収集し、
それを自身の記憶と照合し、
次に何が起きるかを予測し、
自身がどのような行動を取るか
の判断をしていると考えざるを得ない。
即ち、全ての生物は予測能力を有することになる。
言い方を変えれば、生物は生まれながらにして
思考する存在でなければならず、
その思考能力は、能動性、自立性、独立性、
あるいは打算的な表現として「本能」とも称され、

進化の原動力である。
人間においては、
この思考能力が人間社会の発展とともに
想像、創造の能力へと発達したものと想定される。
この想定を前提として以後の考察を進める。

第5章　自我の設定

生体の、全ての働きが統合されている様態を示す
言葉として、
「本能」に替えて「先天的自我」を充てる。
感情は先天的自我の属性とする。
人間においては、この先天的自我が言葉を習得した後、
その言葉を介して、「自分」という意識を持った
「後天的自我」として現れ、
この自我が他者あるいは社会に認知される。

　注釈：「自我」は存在を示すものではない。
　　　　存在については、別途、詳細の考察結果を
　　　　「第9章　言葉が招く概念の存在化」にて述べる。

第6章　自我の人間性の形成

人間社会に新たに加わった新生児の先天的自我は、
人間社会で生きるために必然的に進化した脳と、
それに繋がる全ての体の器官の働きをもとに、
他者の教えによって言葉を急速に覚える。
それらの言葉は単に個別に記憶されるのではなく、
互いに関連付けられて記憶される。

やがて、記憶された言葉を用いて自我が発言を始め、
他者との会話が始まる。
その発言が自我の主張として、即ち、
自我の自立性として他者に認知されることにより、
自我に「自分」という意識が生まれる。
そして、言葉を話す人間としての
後天的自我の人生が始まる。

自我の成長初期には、物、動作、様態などの
具体的事象を示す言葉を、
五感を伴う体験と共に身に付ける。

次に、躾と称して社会の規則に従うよう指導される。

この過程の習慣化により、
自我の、新しい概念を受け入れる際に生じていた
抵抗感はやがて殆どなくなり、
自身の思考そのものが従属的になっていることを
自覚することはない。
別な言葉を用いるならば、自我は社会に適合していく。
そして、この時期は自身の急速な知識の習得が
周囲の大人によって賞賛されるため、
自我は自主的に、且つ意欲的に知識の習得に励む。

引き続き、人間社会に蓄積された知識が
自我の中に取り込まれるが、
言葉を話す自我は既に「主張する自分」という
意識になっているため、
自身の主張が後天的に習得した言葉から成っている
との感覚を持たない。

やがて、自我には、それまでの体験と
吸収した知識に影響を受け、
個別の好き嫌いが現れる。
この個別の好き嫌いと、知識を教える側の他者の
考え方、立場などの環境の違いによって、
自我が取り込む知識に偏りが生じる。

自我が自立した大人へと成長していくのに伴い、
この偏りがさらに拡大していく。
その結果、各自我は習得した知識の分野、量、質に
応じた価値観、人生観を持つことになる。

しかし、自我の主張に用いられる言葉は、
既存の、人間社会に蓄積され続けてきた、
膨大な量の知識のほんの一部である。
自我は自身の中に取り込んだ知識に関してのみ
発言することができ、
他者からの問いに答えることができるだけである。
このような自我には完全な独自性はなく、
本人が意識することなく、
境遇や所属する組織の体制を反映した自我が
形成される。

自我はその後も新しい知識の吸収を続け、
様々な体験をすることによって、
その人格は常に変化し続ける。
最終的に、同じ人格はないと言ってよいほどの、
多種多様な自我が出現するのである。

第7章　混乱する自我

自我は自立するまで様々な試練に晒され、
その後も試練は続く。
その苦悩は、生存競争に起因する外的要因のほかに、
自我自身の資質を原因とするものもある。
それらを以下に示す。

7-1　板挟みの自我

人間社会においては
人は必ず何らかの組織に属することになる。
属する組織も一つではなく、多数で多種な組織となる。
生存競争社会においては、組織に属する者として、
人は組織の外に向かっては互いに協力し、
組織の中では互いに競い合う立場となる。
即ち、協力と敵対の、相反する立場の両方に常に置かれる。
協力のための行動が、別の立場では敵対行動になる。
自分の行動に対し、或る人は喜び、別な人は怒る。

人間社会に八方丸く収まる場は元々ない。
これは群れの一員として生きる動物の宿命である。

7-2　自我の目標設定

現代の人間社会の姿は、
人類が蓄積し続けてきた膨大な知恵の恩恵である。
個人である自我は
その知恵の一部を知識として身に付け、
分業化が際限なく進んだ人間社会のどこかに身を置き、
社会活動に参入し、糧を得て生活をしている。
自我が思考する内容もそれぞれの立場で異なり、
千差万別となる。
生きていくことができれば、
それで十分とする人もいれば、
逆に、今の自分に満足できず、
一生、どん欲に知識を求め続ける人もいる。
このように広い選択肢のどの辺りに身を置き、
どのように生きていくか、
人生の目標設定に自我は迷うばかりである。
一度、目標設定をしても、状況が変われば、
考え方も変わり、目標も変わるのは常のことである。

7-3　自我の未知との遭遇

自我の大きな弱点は未知との遭遇への対応である。
通常の社会活動においては、
社会のどこかに答えが既にある課題が提供され、
その答えを見つけ出せばよいだけである。
それと同じ心構えで、
答えがまだない課題に取り掛かってしまうと、
答えを探し回るだけの、終わりのない
暗中模索が続くことになる。

自我が未知の概念を自身に取り込む方法として
最も単純で確実な方法は、
その概念が示すことを五感を通して
実際に体験することである。
自我は体感できる概念に対しては
不信を抱くことはない。
しかし、全ての概念についてこれを行うことは
現実問題として不可能である。
その代替策が、既に習得した概念と
未知の概念との間に同一性を見い出すことで、
これにより未知の概念を既知の概念に置き換え、
疑似体験として未知の概念を間接的に習得できる。

概念がより抽象的になるに従い、
その概念の理解は難しくなる。
その妥協策が、未知の概念を検証することなしに
そのまま従属的に受け入れてしまうことである。
競争社会に生きる自我にはより多くの知識を得る
ことが重要であるため、
多くの知識がこのようにして自我に取り込まれる。
自身が納得しないで安易に受け入れた
このような概念は、他の概念との間に齟齬が生じる。
「あれとこれとで言っていることが違う」とか、
「逆だ」となる。
このような混乱が度々あると、
自我はそれらの整合に追われることになる。
やがて、その整合ができない事態に陥り、
それを打開するアイデア、即ち新しい概念を
自らが生み出さなければならないことになる。
でないと、概念の統合が不完全な自己矛盾から
脱することができない。
しかし、自らそれを創出するのは至難の業である。
そこに誤認、誤解が入り込む。
自分本位の自我は通常、自身に疑いを向けないので、
そのことに気づくことができない。
誤認が次の誤認を生み、結果として、

郵便はがき

料金受取人払郵便

新宿局承認
2524

差出有効期間
2025年3月
31日まで
（切手不要）

160-8791

141

東京都新宿区新宿1−10−1
(株)文芸社
　　　愛読者カード係 行

ふりがな お名前				明治　大正 昭和　平成	年生　歳
ふりがな ご住所	□□□-□□□□				性別 男・女
お電話 番　号	（書籍ご注文の際に必要です）		ご職業		
E-mail					
ご購読雑誌（複数可）				ご購読新聞	新聞

最近読んでおもしろかった本や今後、とりあげてほしいテーマをお教えください。

ご自分の研究成果や経験、お考え等を出版してみたいというお気持ちはありますか。
ある　　　ない　　　内容・テーマ（　　　　　　　　　　　　　　　　　　）

現在完成した作品をお持ちですか。
ある　　　ない　　　ジャンル・原稿量（　　　　　　　　　　　　　　　　　）

書　名						
お買上 書　店	都道 府県	市区 郡	書店名			書店
			ご購入日	年	月	日

本書をどこでお知りになりましたか?
1.書店店頭　2.知人にすすめられて　3.インターネット(サイト名　　　　)
4.DMハガキ　5.広告、記事を見て(新聞、雑誌名　　　　)

上の質問に関連して、ご購入の決め手となったのは?
1.タイトル　2.著者　3.内容　4.カバーデザイン　5.帯
その他ご自由にお書きください。

本書についてのご意見、ご感想をお聞かせください。
①内容について

②カバー、タイトル、帯について

弊社Webサイトからもご意見、ご感想をお寄せいただけます。

ご協力ありがとうございました。
※お寄せいただいたご意見、ご感想は新聞広告等で匿名にて使わせていただくことがあります。
※お客様の個人情報は、小社からの連絡のみに使用します。社外に提供することは一切ありません。

■書籍のご注文は、お近くの書店または、ブックサービス(0120-29-9625)、
セブンネットショッピング(http://7net.omni7.jp/)にお申し込み下さい。

社会への適合性を欠く思考をする自我が形成されるのは特別なことではない。
問題は、
自我がその社会的不適合性を自覚できないことである。

7-4　自我の意味付けの弊害

人間社会は、その繁栄と秩序維持のために、
規則や法律などの強制的規制のほかに、
個人が自主的に自身の行動を規制し、
さらに、人間社会の繁栄に尽くすように
導く基準が必要となる。
それが、常識、義務、道徳、倫理、
宗教などである。
これらの基準を発育段階にある自我に
教育として学ばせることで、
彼らから人間社会への効率の良い貢献が得られる。

教育による意味付けの繰り返しによって
その強要感が薄れ、教育の成果として、
自我は何事にも自主的に公益性のある意味付けを
するようになる。

やがて、自分自身が意味付けの対象となり、
自身の存在意義を見出さなければならなくなる。
当然、その結果は
「人助けをしたい」、
「社会の役に立ちたい」
と思うことになる。

そして、社会的貢献が実際にできた時は、
個人的な達成感が得られるばかりでなく、
相手からの笑顔、あるいは感謝を受け取ることになり、
自我の喜びはより一層大きなものとなる。

ここまで成長した自我は、
逆に、意味付けができないことには困惑する。
例えば、
「人間も、生き物として生まれたがため、生きているだけ」
とは思うことができず、
生きることの意味を追い求め続けることになる。

7-5　自我の本質

通常、秩序が維持された人間社会においては、
後天的自我の言葉による主張が
社会に認知されるため、
後天的自我が主役の座を占め、
言葉を話さない先天的自我は後天的自我から
忘れ去られたかのような状態に置かれる。
しかし、先天的自我の、動物としての本質が
失われたわけではない。
本能は後天的自我に先んじるものである。
特に、生存のための暴力と、繁殖のための性の衝動は
強烈な本能である。
社会で勝者、あるいは成功の栄光に輝き、
その恩恵を受けている人でさえも、
例えばアルコールなどで理性の抑制が外れ、
暴力やわいせつ行為によってその栄誉を
簡単に失ってしまう話は特別なことではない。

7-6　自我と暴力

人間社会は自我に、社会の秩序を保つために、
暴力、争いを否定する教えを優先して説くが、
暴力が人間社会からなくなることはない。
前述のごとく、自我はいかなる場所においても
暴力に遭遇する可能性がある。
自我が暴力をもって暴力に対処するしかない場合もある。
特に、成長初期の未熟な自我は
自身を守る術をまだ知らない。
周囲の者もその自我の危機に気づきにくい。
このような状況においては、
自我は暴力の攻撃に屈するだけとなってしまう。
暴力には暴力で対応するしかない場合もある。

7-7　洗脳される自我

通常、他者が一方的に教えを説いても、
自立した自我はそれを容易には受け入れない。
しかし、人は人生において
自身の価値観を失うような災難に遭遇することがある。
自我を形成する概念の統合の一部が壊れる時である。
自我がその修復に懸命となっている時、
別の言葉で言えば、混乱している時、苦悩している時、
苦悩からの逃避を考えている時、
逃避先の、身をゆだねる対象を求めている時、
洗脳者はこのチャンスを見逃さない。
混乱の最中にある自我は洗脳者の教えを救いと捉え、
その教えを自身の修復に用いてしまう。

一旦洗脳されると、
自我はその状態から脱出することが非常に困難となる。
善意の教育と違い、洗脳者は洗脳を行う際、
その洗脳を解く働きをブロックする手段も
同時に自我に刷り込んでいるからである。

7-8　大多数の自我の思い

成功者として社会的特別待遇を受ける著名人の発言は
賢者の言葉として社会に溢れているが、
他の大多数の人々の言葉は
社会に取り上げられる機会は殆どない。
自己承認欲求が満たされない人々は
その思いを払拭(ふっしょく)するために、
身近にある何かに夢中となる。
不満解消が目的であるから、熱中する対象は何でもよい。
しかし、安易に得られる自己満足は長続きしない。
やがては虚無感に襲われることになる。
自我は「希望を持て」、「夢を持て」との言葉に
当然の如く耳を傾けるが、
これは虚無感を本能的に避けようとする
自我の働きとも取れる。
集団生活を営む自我には
周りの人々に認められることが重要である。
誰もが
「せめて一人でもよいから、
　自分の存在を知って欲しい、
　自分を理解して欲しい」
と願うのである。

第8章　曖昧な言葉

自我が混乱する要因が自身に内在するのは何故かを
考えるならば、それは言葉を介した思考において、
言葉自体に不備があるためとするしかない。

人は自身の意識をどこに向けるかを、言葉を介して
限定する。この限定されたものが概念である。
この概念を抱くことが思考の第一歩であり、
幾つかの概念を重ね合わせることで情景描写がされ、
予測、想像、創造、空想、あるいは妄想をする。
言葉は間接的な役目を果たしているだけで、
人は言葉が示す概念で思考していることになる。

言葉を耳にするだけで、自我にいきなり概念が
誘導されるわけではない。
集団の中で、多数の人々が何度も同じ体験を
共有して初めて、言葉と概念が結び付くのである。
言葉と概念の結び付きが習慣性に基づくため、
その結びつきは
環境や状況の変化の影響を受けることになり、
流動的でもある。

この言葉の特性が、
世界中に多種の言語が存在する要因である。
言葉と概念の結び付きが共有されていなければ、
概念は誘導されないので、思考が始まらない。
概念が誘導されない言葉は意味を持たない。

体験によって確認できる事象を示す言葉で
誤解を招くことは少ないが、
人間社会の発達に伴って、
より抽象的な概念を示す言葉が増えるに従い、
人々の言葉の解釈の違いが大きくなる。
加えて、人間社会に蓄積され続けてきた知識の量は、
個人が習得できる知識の量とは
比較の対象にすらなり得ないほど膨大である。
即ち、言葉が示す概念の全てを
個人が知ることはできない。

このような状況下では、言葉を介しての思考によって
人々が常に共通の見解を得ることはできない。

第9章　言葉が招く概念の存在化

言葉にはさらに別の重大な問題がある。
それは言葉の構成が招く概念の存在化である。

言葉は、自我の意識を向ける対象を限定する主語と、
その対象の動作、様態を説明する述部とから成る。
即ち、一つの事象を表現するために、主語と述部の、
二つの要素から成る。
動作、様態の主体としての主語は
言葉の表現において必然であるが、
その主語が即、存在を示しているわけではない。
言わば、主語は文法上の暫定的存在である。

日常生活におけるルーチンワークでは、
会話に使われる言葉の意味を
厳密に認識する必要はない。
さらには、多忙であることを理由に、
他者の発言内容を吟味せずに
そのまま受け入れてしまいがちとなる。
この習慣化の結果、
先の暫定的存在が無意識に存在として

扱われるのである。
だからと言って、このことが即トラブルとなる
わけではない。
例えば、社会が正常に機能している時、
お金はお金として通用している。
しかし、経済が破綻し、超インフレになった時、
お金はただの紙切れとなり、この時点で、
お金は存在ではなく、概念でしかないことを
改めて認識するのである。

存在なのか否かの確認を怠って
話が先に進んでしまうことを示す
代表的な例が「矛盾」である。
どんな楯でも貫く鉾と、
どんな鉾の攻撃にも耐える楯の勝負の話は、
人間の思考の弱点を突くよい例である。
どんな楯でも貫く鉾が存在することの証明はない。
どんな鉾の攻撃も防ぐ楯の存在の証明もない。
会話によって思考の同調が図られる
人間社会に身を置く者の習性として、
実際にはあり得ない状況の、
存在しない両者を対峙させる話に、
人は無意識のうちに耳を傾けてしまうのである。

さらには、その答えを真面目に求める人さえいる。
それが混乱の始まりとなる。
ウサギとカメの競走の話も同じで、
現実にはウサギとカメが競走することはない。
このような空想話が持ち出されるのは、
その話の裏に
何らかの思惑や謀(はかりごと)が隠されているからである。

人の話を何げなしに聞いてしまう癖は
様々な場において見受けられるが、
その中でも注意すべきが次の例である。

討論の場でよく聞く言葉に、
「問題の解決策を探る」
という言い回しがあるが、
この言葉を耳にした多くの人々が
直ぐに解決策に関心を向けてしまう。
この反応は、既に誘導されている状況にあると言える。
ここで見逃されたのは問題の確認である。
誰が問題を取り上げたのか。
誰にとっての問題なのか。
他の人にとっても問題なのか。
別な人には問題でも何でもないかもしれない。

それだけではない。
その問題はでっち上げかもしれない。

言葉を介する思考において
存在と概念の混同が起きることは避けられない。
既に述べた「心」に関する不合理も
概念の存在化が招いた結果である。

ここでさらに、「存在」という言葉自体が
「概念」に対峙するものか否かにさえ
疑問が湧くことになる。
人間は五感を介して外界を間接的に認知している。
その際、視覚が大きな働きをする。
目に映った映像を存在と捉え、
そこに他の感覚器官の働きも加わり、
目に見えるがそれは存在ではないとか、
目に見えない存在があるとかの補正を行っている。
即ち、存在は思考の外にあるのではなく、
思考の内にあることになる。
よって、存在も概念となる。
我々の思考は外界の実在に直接基づいて
いるわけではない。

話が逸れることになるが、
目、耳、鼻、舌を持たない動物や植物
あるいは単細胞生物は、人間とは別の思考、
即ち、人間には想像できない思考によって
生存を図っていると言える。

第10章　概念の存在化の見直し

前述の、概念は実在を直接示すものではない事例として、
思考において非常に重要で、
他の概念とも密接な関係を持つ概念について
改めて見直しをしてみた。
ちなみに、ここに取り上げた言葉に限らず、
全ての言葉、即ち全ての概念は概念同士の補完である。
難しい概念を理解しようとした時、
概念同士の補完が際限なく拡大し、
もとの概念が限定しようとする対象の姿が
ぼやけるばかりで、その理解を諦めざるを得なくなる。
単純な例を挙げるならば、辞書を引いている時に
これに似た体験をする。
その結果、「意味を調べる」とか、「意味を理解する」
こと自体がどういうことなのかと、
さらなる疑問が湧くのである。

10-1　時間

「今」とは　　：自我が自身の覚醒を認識している状態で、
　　　　　　　　生きている証。
「過去」とは：「今」に在る自我の記憶、あるいは
　　　　　　　　人間社会に蓄積された出来事の記録。
「未来」とは：自我の予測

因果関係を求める思考の際、
関連する物事をその発生順に並べる。
この並びが時間の概念を誘発し、
人はこの時間軸上で思考を行う。
時間は最も自然に生まれた概念である。
この概念は重要な働きをなす役割を持って
人間社会に組み込まれている。
それ故に、時間を存在として扱っても
問題を引き起こすことはない。
しかし、時間軸上で思考を行うと、
過去に向かっても未来に向かっても、
終わりのない無限性が現れてしまう。
即ち、過去については事の始まりのその前を、
未来については事の終わりのその後を
永久に追い求める、終わりなき思考を
続けなければならない宿命を負うのである。

「時間」の概念は、時計の働きの本質を知る
ことで見直すことができる。
次の表現において、時間を存在とする証はない。
「時計は一定の速さで動く機構であり、
　その動きを、秒、分、時と単位化し、
　その単位をカウントする過程が時刻である。
　この時計が人間社会の至る所に存在し、
　これら全ての時計が同期して動くよう
　常に調整されている。
　時計の最も重要な働きは、
　人間社会の全てのシステムの動きを
　同期化することである。
　この働きで、人間社会の総体の動きの
　統制が保たれている。
　時計自体は単なる機械（道具）でしかない。」
時計は、概念から生まれた道具としての
象徴的発明である。

時間の存在を疑わせる事例が、
時間の経過が速いとか、遅いとか、
はたまた、時間が止まったようだ、
との印象発言である。

過去とは、今を生きている自我の中にある
単なる記憶である。
その記憶の一場面を思い起こすのは
自我の一瞬の働きであり、他の全ての記憶を飛び越す。
この一瞬の記憶の回想を以って、
時間の流れが速いとの誤認をする。
一年も、十年も、百年も、
「今」にある自我にとっては同じ一瞬なのである。
何かに夢中になっている時は時間の経過に
気を配ることはない。後で振り返ってみて、
改めて、時間の経つのは速いとの印象を持つ。
写真のように変化していない風景を見た人は、
時が止まったかのようだとの表現をする。
時間が存在であるならば、
我々は時間の経過を常に感じている筈である。

次に、時間は存在ではないとする解釈の
心理的な影響を示す。
時間の遡行を認めなければ、
過去に束縛されることはなく、
悔いの感情は湧かない。
未来はやって来るものでもなく、
待つものでもないとしたら、

余計な憂い、不安を抱くこともない。
人生の岐路に立つという迷いも生じない。
願いを存在しない未来に先送りすることは
意味のないこととなる。
望みは、実際に行動することによって、
その実現の可能性が与えられる。
「現実の世界は行動のみに応える。」
そう思うことが出来れば、根拠のない期待は消え、
運命に責任転嫁することもない。
時間の不十分な、あるいは間違った解釈は、
時間に追われるとか、時間が足りないとかの、
強いストレスを受ける要因となる。

社会的に大きい影響を及ぼした出来事を
まとめたものが歴史であるが、
ここにおいても気になる発言を度々耳にする。
過去のある時点において、
「もし、……」という言葉で
その時の状況を変え、
異なった歴史を予測する試みである。
もし、一度でもその考えを許すなら、
その時点より前の過去においても
「もし、……」が許されることとなり、

最初の「もし、……」を設定した状況が
発生しないことになる。
歴史上の出来事は
その時代の人々の思慮が働いたものであり、
仮説をたてることは
それらの人々の存在を軽んじることである。
エンターテインメント用の作り話のために
時間の誤認を利用するのは仕方がないとしても、
それ以外の場においては許されるべきではない。

10-2　真実

何かが記憶あるいは記録されると、
それは過去においての出来事となる。
真実かどうかと問われるのは過去における
出来事の記憶、記録である。

過去の出来事を、「今」にある我々は
自身の目で確認することはできない。
つまり、記録をそのまま真実であると
証明する絶対的手段はない。
他の記録を真実の証拠として提示しても、
その証拠が真実であると、再度証明しなければならない。
この繰り返しが続くだけとなる。

現実には、「今」に存在する記録の中で、
内容が一致する記述が多い出来事を
真実に近いものとし、
それを否定する記録がない場合に
その出来事は真実として扱われる。
真実とは暫定的な立場にある記録でしかない。
よって、真実は存在するとは言えない。

自然界と同様に、

人間社会も単純な、一対一の因果関係で
動いているのではなく、
無数の要素が、複雑に、相互的に、
且つ全体的に関連し合っている。
その関連性を言葉で表すことは初めから不可能である。
社会的立場、人生観、価値観、欲、感情、企みなど、
あらゆる要素によって影響を受ける人間の各々が、
「真実」のラベルに自分の勝手な解釈を書き加える。
最後には、その落書きにより、
元々のラベルが何であったのか
識別できなくなってしまう。
真実とはこのように曖昧なものである。

にもかかわらず、人間社会では真実という言葉は
非常に重要である。
真実という概念は人間社会にとって必然で、
この言葉なくしては
誰しも社会を治めることができない。
真実なるものを提示することによって、
真実は存在するものと思い込んでいる人々を
無条件に従わせ、一つの懸案に結論を出し、
次のステップに進むことができる。
逆に、真実なるものを提示しないと、

人々は信じるものがなくなり、
人間社会は混乱するばかりとなる。
であるから、でっち上げであっても、
真実なるものを提示しなければならない。
それに伴って、真実は存在ではないことを
人々に悟られないようにすることが
権力者の責務となる。

社会を飛び交う情報から真実を知ることは
できないことを念頭に置いて、
自分が得た情報に対処しなければならない。
そうすれば、人は、自身の判断が何事においても
正しいとする態度は改めるべきと知ることができる。

10-3　正義

自我の本質として、自身の生存が最優先である。
そのような自我の言葉による主張は、
その内容が正しいか過ちかは問題ではなく、
何であれ常に正義に基づくものとなる。
自身の主張に論理性がなくても、自我は反省しない。
この先天的正義感は極めて頑固であるため、
他者の正義感と必ず衝突する。
その時、その他者は悪人となる。
自我が悪を存在と捉えてしまうと、
その存在を排除すればよいとなる。
悪を排除する自分は正義のヒーローである。
自我に、悪である筈の暴力を用いる口実ができる。

他方、社会的正義もある。
自我の成長過程でこの社会的正義感が育成される。
この後天的正義感は人間社会の秩序を保つ働きをする。
そして、社会の秩序を乱す者が悪人となる。
自我の中に、これら先天的正義感と後天的正義感が
同居することになる。
通常は、両者とも他者を悪として攻撃する。
しかし、時には、後天的正義感が強い自我は
自身を悪と見なす。

そして、自我は自身を罰すべきかどうかと
苦悶することになる。

10-4　公平

人が物事を正しく評価、判断するためには
多くの客観的情報が必要となる。
それを得るために必要な労力と時間も
多大なものとなる。
全ての事案に真剣に対処するとなると、
疲れ果てることになる。
重要でない事柄についてはその労を省こうとなる。
その手段が常識や噂をそのまま
受け入れてしまうことである。
それが先入観となり、
誤解、偏見、差別が生まれることになる。
それにもかかわらず、非常に手軽な手段であり、
個人的に責任を取ることもないため、
気持ちが緩んだ時、つい常識に従い、噂を信じてしまう。
忙しい日常生活では普通の行為である。
このようにして誤解、偏見、差別は社会に定着し、
それらがなくなることはない。

評価には次のような側面もある。

通常、評価はいくつかの項目について行われる。
その項目が変わると、評価の結果も変わることになる。

評価項目を選出する際、
意図した評価結果を導こうとする作為が働く可能性を
完全に排除することはできない。

良い評価のためには、
対極としての悪い評価がなければならない。
良い評価に怒る者はいないであろうが、
悪い評価に喜ぶ者もいる筈がない。
評価することは、これらの悪い評価をされた者から
反発を受けることでもある。
既に社会に広く受け入れられている評価を
覆そうとしても、その試みに対する
社会からの反発も強力となる。
だから、社会的課題については
個人の本音を簡単には口にできない。
よって、社会に公表される評価には偏りがあっても
当然となる。

このような社会的実状においては、
どのような事案も公平に処理することは困難である。
そもそも公平は実状を示すためではなく、
社会的秩序のために生まれた概念である。
公平は望むものであるが、

実現し得ない概念であるので、
そうあろうとしても、その努力は徒労に終わる。
それを逆手に取ると、公平という言葉を使って、
何事にも言いがかりを付けることができる。
結論を出させないための争いが続けられることになる。
このように、公平混乱の因(もと)にもなる。
社会を良くしようとする概念が
その趣旨とは反対の働きを併せ持つのである。

第11章　人間の思考能力の評価

ここから、視点を「人間の思考」に移して、
その評価を述べる。

11-1　人間の主張の根本的立場

人間の知識、知恵を評価するに当たって、
人間自身が無条件に
受け入れなければならない立場がある。
その立場とは、人間は自然界を、そして人間自身を
完全に知り得ないことである。
地球上に生命が誕生し、生態系が構築され、
その進化によって人間が出現し、
やっと人間の思考が始まったのである。
その思考の結果としての知識、知恵は自然界に対し
あくまでも後付けの位置に在る。
人間の創造である、概念としての理論に準じて
自然界が成り立っているのではない。
人間の知識、知恵の評価は、
それによって人間が
他の生物より生存の優位性を得ただけのことである。

11-2　発見、発明

発見、発明は
偶然（間違い、勘違いを含む）によりなされる。

太古の時代、人間にとって有益な自然界の事象が
人間の目に偶然留まり、
人間はそれを利用して道具を作ってきた。
人間社会がまだ発達していない時代には、
それは良い思い付きという程度の評価でしかなかった。
やがて、言葉と文字を手に入れた人間の社会は
急速な発展を始める。
発展した社会において、その良い思い付きは
「発見」、「発明」という高い評価を受ける言葉となった。
発見、発明は人間社会でどこでも、いつでも
利用できるよう、その再現性を示す知識として整備され、
人間社会に蓄積され続けてきた。

発見、発明が偶然の結果としても、その偶然を待つだけ
の心構えでは、発見、発明に近づくことはできない。
「偶然」も、それを手に入れようとする努力があって
初めて、それに近づくことができる。
即ち、研究が欠かせないことになる。
研究によって、発達した観測装置の恩恵もあり、

それまで気づかなかった、全く新しい事象が観測され、
それらが次の発見、発明に繋がる。

次々と成される新発見、新発明による恩恵が
人間社会にとって如何に多大であっても、
その恩恵は人々の日常生活にすぐに溶け込んでしまい、
あって当たり前となる。
発見、発明は興味深いものではあるが、
必ずしも幸福、平和をもたらすものではない。
むしろ、それが武器として使用され、
悲劇をより大きいものにする。
科学知識は権力者によって必ず兵器に転用され、
より多くの人々を苦しめ、
さらには、より多くの生命を奪ってきたのである。
賞賛、栄誉を求め、今までなかった新しいものを
生み出そうと努力を続け、幸運にも何らかの新しい発見、
発明を成し遂げた人でも、
後々その発見、発明の、本人の望まない目的への使用に
よる悲劇を知れば、自身の偉業を悔やむことにもなる。
人間の歴史はこの繰り返しである。
科学は倫理が働かない、最強の暴力でもある。

11-3　因果関係による理解

全ての出来事は互いに関係性を持つと考えた場合、
その関係性を解明するために、
人間はその因果関係を逐次的に求めることになる。
ところが、その因果関係の結合は様々なループを作り、
最終的に無限ループとなってしまう。
ループの特性の重要な点は、ループのどの点においても、
因果関係としての「結果」が幾つかのステップを経て
「原因」として元に戻ってきてしまうことである。

自然界の事象についても同じことが言える。
無限ループの関係性にある自然界を
人間が観察しようとしても、
それは無限ループの或る一点を切断し、
その断面を覗くことになる。
即ち、自然界の断片的な姿を見ることはできる。
しかし、そこに見出される部分的関係性が
自然界全体にどのように影響するのかは
計り知ることができない。

結論として、因果関係を求める思考方法では
自然界全体は理解できない。

11-4　細分化による理解

考察の対象を細分化して、
その細分化されたものを素材として
対象物が構成されている
という理解の手段がある。
その再構築の際、
各素材間の関連性が全て明らかとなっていなければ、
完全な復元はできない。
即ち、車の部品を集めただけでは車ではない。
組み立てて初めて、車になるのである。
細分化の際に、素材間の関連性の幾つかが
見逃されている可能性がある。
しかし、理解しようする対象は未知のものであるが故、
復元が完全か否かを知る手段はない。
これでは完全な復元、完全な理解とは言えない。

素材を求める理解は別の問題を抱えている。
その素材が何からできているのかという、
さらなる問い、終わりなき問いである。
終着点のない「理解」とはそもそも何だろう
という思いがここでも湧くことになる。

理解には妥協が必要となれば、

思考は論理という純真性をも失うことになる。
すると、理解とは
単に自我が社会に同化するだけのことになる。

11-5　概念の積み重ねとしての学問

科学知識とは、人間にとって未知であった
自然界、宇宙あるいは生命の成り立ち、仕組みを
人間が次々と解明してきた成果とするのが
一般的な見方である。
しかし、これとは別な見方もできる。

自然科学の分野においては、どのような理論であれ、
証明されているわけではない、言い方を替えれば、
任意のアイデアによる前提条件を起点として
導かれている。
何があっても揺るぎないとされるのが理論であるが、
その理論が実はアイデアなのだ。
重要なのはその理論に矛盾が起きないことだけである。
そうであれば、誰しもその理論をつぶすことはできない。

一つの理論は限られた分野でそのまま暫く通用するが、
その基盤であるアイデアは他の様々な視点に晒され、
弱点を突かれ、やがてそこに
矛盾点が見出されることになる。
その不都合を解消するために、
別の新しいアイデアが求められる。
このようにして、人間は理解を重ねてきたのである。

理論は絶対的ではなく、逆に暫定的であり、
常に補正を受け、それが終わることはないのである。
そして、新しい概念を示す新しい言葉が
生まれ続けているのである。
次に示すのがその例である。

物理学においては、
物質を構成する最小単位として原子に辿り着き、
原子は＋の電荷をもつ原子核と－の電荷を持つ電子から
成るとした。
このままでは、原子核の＋電荷と電子の－電荷が
結び付き、電荷が消滅することになるので、
それを回避する手段として、
電子が原子核の周りを高速で回転しており、
それによって生じる遠心力によって
原子の構造が保たれているとした。
しかし、電子の高速回転はエネルギーの放出となる
との指摘によって、この考え方は否定され、
量子力学が考案されることになった。
ところが、量子力学が整備されてくると、
そこにも不具合が生じ、
今度は超弦理論のお出ましとなる。

数学においても、幾つかの難題とされる課題が
一つ一つ証明がされて、解決済みとされながらも、
また新しい課題が提示されることが続いている。
そして、最も難解とされたABC予想が
とうとう証明されたとのニュースが流れた。
その後、その証明の査証が試みられたが、
関係者自身が証明を理解できないため、
その正否の判定ができないとのことである。

人間が生み出した概念の世界はここまで
難解となってきている。
学問とは人間の理解のためだけに、
人間が創造した概念の集合体である。

11-6　知識、知恵の意義

人間社会において、より多くの知識を有することは
後天的自我にとっては有利であることに違いはない。
しかし、満足、幸福を感じる先天的自我にとっては
知識は不要である。
美味しい食事を楽しむのに、
味覚や嗅覚を感じる体の仕組みを知る必要はない。
後天的自我から見れば、先天的自我は無知となるが、
先天的自我から見れば、後天的自我は知識を自慢する、
口うるさい奴となる。
さらに言うならば、無知であればこそ、
諸々の初体験が楽しいのである。
青春とはまさに無知を最も楽しめる時である。

自身の職に関わりがないならば、
物理学の相対性理論、量子力学、宇宙のブラックホール、
ビッグバン、数学の難題などの難解な概念を
一般の人々が知る必要も、理解する必要も
全くないのである。

第12章　むすび

人間社会はあまたの概念で溢れている。
そして、人間の思考エネルギーによって、
それらの概念は様々な流れを作っている。
大きなパワーを持つ自我ならば、
自身が流れの勢いを変え、
方向を変えることができるが、
多くの自我は概念の流れに身を任せるしかない。
そして、概念の流れは、概念同士の不整合のため、
至る所で衝突する。
すると、そこに渦が発生する。
渦はすぐに消滅するほどの小さいものもあれば、
巨大となって多大な被害をもたらすものもある。
巨大な渦に自我が引き込まれると、
渦の勢いによって、自我を構成する概念の統合が歪み、
崩れ、バラバラに分解され、渦の中へ拡散してしまう。
このような事態に陥らないようにするためには、
自我は概念同士の不整合を
いち早く察知するしかないが、
その全てに気づくのは至難の業である。
穏やかな流れが突然激流に変貌すれば、

最早(もはや)その流れから逃れることはできない。
後は、運を天に任せるしかない。
人間社会に真理なるものが存在するならば、
概念全体が整然と流れ、渦を作ることはなく、
自我は混乱しなくて済む筈である。
しかし、現実は違う。
即ち、真理もやはり存在しない証だ。
このような現実の中で生きていくのは、
誰にとってもしんどいことである。
だから、誰しも他者に
軽い気持ちでアドバイスはできない。
やはり、どのように生きるかは
本人が決めることになる。
自分が決めたことの結果の責任は自分が取るしかないし、
そのことに納得もできるからだ。

人はどのように生きようとも、
生きている限り感情に揺り動かされ続けることになる。
怒り、恐れ、悲しみと共に、
喜び、安らぎを感じられるならば、
それが生きる支えであることに変わりはない。

著者プロフィール

加賀 一石（かが いっせき）

1949年　山梨県内の農家の三男として出生
1968年　山梨県内工業高校電気科卒業
1968年～2013年　電気技術者として、複数の会社にて、多様な業務に
　　　　　　　　従事
現在、神奈川県内在住、無職

混乱する自我

2024年10月1日　初版第1刷発行

著　者　加賀 一石
発行者　瓜谷 綱延
発行所　株式会社文芸社
　　　　〒160-0022 東京都新宿区新宿1-10-1
　　　　　　　　電話 03-5369-3060（代表）
　　　　　　　　　　 03-5369-2299（販売）

印刷所　株式会社晃陽社

©KAGA Isseki 2024 Printed in Japan
乱丁本・落丁本はお手数ですが小社販売部宛にお送りください。
送料小社負担にてお取り替えいたします。
本書の一部、あるいは全部を無断で複写・複製・転載・放映、データ配信する
ことは、法律で認められた場合を除き、著作権の侵害となります。
ISBN978-4-286-25912-3